Loreto Belén Rehbein Leichtle

El diario de la vida

Loreto Belén Rehbein Leichtle

El diario de la vida

Mis ilusiones, un viaje al pasado, viviendo mi presente y soñando con un futuro

JustFiction Edition

Imprint
Any brand names and product names mentioned in this book are subject to trademark, brand or patent protection and are trademarks or registered trademarks of their respective holders. The use of brand names, product names, common names, trade names, product descriptions etc. even without a particular marking in this work is in no way to be construed to mean that such names may be regarded as unrestricted in respect of trademark and brand protection legislation and could thus be used by anyone.

Cover image: www.ingimage.com

Publisher:
JustFiction! Edition
is a trademark of
Dodo Books Indian Ocean Ltd., member of the OmniScriptum S.R.L Publishing group
str. A.Russo 15, of. 61, Chisinau-2068, Republic of Moldova Europe
Printed at: see last page
ISBN: 978-620-3-57562-0

<u>El diario de la vida</u>
Mis ilusiones, un viaje al pasado, Viviendo mi presente y soñando con un futuro

Loreto Belén Rehbein Leichtle

<u>Prólogo</u>

Todo comenzó, hace un par de años, con un cuaderno y un lápiz. Sin hora ni día inscrito. Solté mi mano y empecé de a poco a descubrir un mundo que no conocía. Un mundo lleno de sueños, ilusiones y sorpresas. Una pasión, que me hace navegar por dimensiones y lugares maravillosos. Donde las tristezas se disuelven en esperanzas y sueños para el mañana.

Una forma de recorrer el pasado, aprendiendo del presente y dando frutos para un futuro. Dejando huellas y profundas emociones para quien le toque vivir en otra década.

En estas líneas, quedarán escritos los sentimientos de una joven, que sueña con un mañana mejor, con un mundo con oportunidades e igualdades. Caminando bajo el sol, el camino se ve alegre, pero bajo la tormenta, todo cambia. Eso es la vida, un vaivén de nunca acabar. Un sentimiento, un momento, tan solo un recuerdo, es tan solo una la vida y corta. Que dejo escrito, un poco de mí pensar.

Quedan las palabras escritas, la tranquilidad de soñar y el respeto a quien quiera leer.

Tan solo debes ser tú, quien este tranquilo contigo mismo. Y nunca dejes que tu memoria pare de inventar ni de soñar. Deja el miedo, deja lo que esta atormentando, lucha y no te canses, revierte la situación. Colócale tu mejor cara y demuestra que eres tú el dueño de tu vida. Que nadie jamás te deje no cumplir tus sueños, ni permitas que ahoguen tus ilusiones con sus propias tormentas. Lucha por ti, aun cuando no te queden fuerzas. Da lo mejor de ti, aun cuando te cueste. Hoy quizás no te des cuenta, el granito de arena que vas aportando pero mañana, verás la gran edificación que has construido en tu propia vida. Esa edificación que nació, tendrá fin hasta el día que tu decidas irte.

Dedicado a mis padres; Lorena y Percy
Por regalarme alas fuertes para emprender los
horizontes que me llevarán a cumplir mis metas, por
su infinito amor y apoyo.
Al mundo para que vivan en paz, conectados con la
naturaleza y los detalles simples que alegran el
corazón.

Pasiones definidas

Entre pastos y praderas,
Rodeado de animales,
Creciste, creces y crecerás
Un amor único, una pasión
Que corre por las venas.
Una vocación, heredada de
Los antepasados.
Lluvia, sol, tormenta, arcoíris,
Adornarán por siempre ese andar.
Un caminar, que te llevará a la plenitud.
A la oportunidad, a la máxima felicidad.
Un espíritu aventurero, una alegría llevadera.
Un corazón de nobleza pura.

La vida y sus lecciones

Jamás la vida, volverá a ser la misma
Ni las personas serán eternas.
En el camino, irán quedando sueños y anhelos olvidados.
Palabras dichas sin repetición.
Y dolores que marcarán, en el camino que vendrá.
Llegarán las ilusiones y los amores.
Las promesas a cumplir y los deberes.
Se irán algunas personas y llegarán otras.
Quizás unas emprenderán vuelo, sin regreso.
Y otras nos abandonarán porque ya no quieren
Permanecer a nuestro lado.
La vida, tomará su curso y no se detendrá jamás.
Los sueños se irán cumpliendo a medida
De tus acciones y los amores llegarán a medida de tu amor.
Quizás hoy duele verte lejos.
Pero mañana se entenderá el porqué.
Lejos o cerca el cariño prevalece.
Y los recuerdos quedan grabados
En el alma, como la poesía escrita en los cuadernos.
Tu alma, guardará los escritos
Más puros y nobles, que puedes recitar.

El secreto del despacho

Sentado en el despacho.
Un lápiz escribe poesía.
Mientras la cortina se eleva,
Con el viento de la brisa entrante.
La melodía de una pareja de pajaritos.
Me recuerdan tu voz.
A lo lejos una pareja de enamorados.
Caminan bajo un cielo estrellado.
Cierro la ventana, la melodía se detiene.
El lápiz ya no escribe.
Decido cerrar el despacho e irme a dormir.
Día y noche pienso volar por los aires.
Llegar al sol y desde ahí iluminar tu camino.
De noche pienso llegar a la luna,
Para que cuando camines por la arena, de la playa.
Jamás se apague tu luz.

Tal vez jamás fue verdadero

Bajo la luz de la luna.
Mi mente vuela y retrocede al pasado.
Veo a lo lejos tus manos en mi cintura.
Escuchó una melodía con tu voz, que me dice;
Quédate conmigo.
Veo tu mirada pérdida en el horizonte,
Tal como los vi la última vez.

No hagas nada

No me mires, si no me quieres.
No me llames, si no te importó.
No me escribas, si no quieres saber de mí.
No me digas mi nombre, si de otro estas enamorado.
No me preguntes, si no toleras mis respuestas.
No me obligues a nada, porque tus deberes son propios.
No me hagas callar, cuando mis carcajadas salten en alegría.
No me busques, si deseas tocar otros brazos.
No me digas, te amo, engañándote en la soledad de mis días.
No me lleves, donde tu destino resuelto está, porque tan solo fui,
Un pasaje rápido en tu triste historia.

El reflejo deja huellas

Tu nombre se refleja, en mi caminar
Y tu voz, se escucha en el silencio,
De mi habitación.
He dejado que el destino, corra por su propio
Camino, dejando atrás tus lamentos.
Reviviendo tus años de soledad, recuerdo.
Un adiós, que a nadie le importo.

En años

Una mirada, una rosa y un café,
Sentada frente al mar.
Recorro mis años de juventud.
Caminando por la playa, de tu mano.
Mi pelo al viento.
Mi sonrisa favorita.
Nuestras huellas al caminar.
Borradas con el paso del tiempo.
La rosa marchita y el café se enfrío,
En vista de tu partida.

Tu opción también es válida

Decidiste soltar mi mano,
Seguir tu camino, luchando por tus
Sueños de niño.
Me dijiste entre lágrimas, adiós.
Una lágrima, un adiós, un nunca más.
Mi mente cayó.
Mis labios mudos,
Mis ojos tristes.
Deciden olvidar.
Sufrir es parte de la vida.
Tu opción es válida.
Tu despedida, un sufrimiento.

<u>Sin ti</u>

La vida sin ti es,
Como el amanecer,
Sin sol.
La vida es un sueño,
Y sin ti las pesadillas abundan.
Trato de vivir sin preocupaciones,
Pero tu recuerdo me hace pensar.

<u>Cuando llegues, feliz estará mi corazón</u>

En los andares de la vida,
Mi mente vuela.
Entre las estrellas.
Busco tu mirada,
Una mirada dulce, una mirada de ternura.
No te conozco aún,
Pero mi corazón, te busca.
Para estar enlazados en un mañana.
En un porvenir.
Y tomar tu mano hoy desconocida.
Y caminar juntos.
Donde el destino nos lleve.
Tomar tu mano, y soñar
A tu lado.
Creer en cuentos de hadas y ser tú mi príncipe.
Caminar y recorrer
Dejar huellas y momentos a tu lado,
Un sueño cumplir y un legado dejar.

Las canciones son el reflejo de tu vida

Las canciones no mienten y menos cuando hablan del corazón.
Tú escribiste una bella canción,
En el reflejo de tus actos, un lápiz y un papel.
Fueron testigos de tu amor.
Un amor puro y sin engaños.
En una canción fueron reflejados.
La pureza de tus sentimientos y la nobleza de tu corazón.
La dedicaste con y por amor.
Una lágrima de alegría, al ser escuchada,
Fue derramada y recogida en los brazos de tu amor.
El corazón estalla en plenitud.
Un amor sincero, llena el vacío de una despedida,
Que marcó tu vida anterior.
Una canción, que es reflejo, que la vida sigue.
Y el camino de tu mano, se ve más liviano y lleno de color.

Más allá de lo que te imaginas

Ojos que ven la luz más allá de las estrellas.
Abrazos que llegan donde menos tú los esperas.
Palabras que se transportan a través del tiempo.
Amor sin límites, sin fronteras.
Luchador inalcanzable.

Amor versus distancia

Dicen que las despedidas, duelen.
Que los besos se borran de los labios,
No correspondidos.
Y las lágrimas no son dueñas de quien no te valoró.
Dicen que la vida, da vueltas
Y el destino es capaz de unir a los que la distancia a separado.
El amor y el odio jamás han sido los mejores amigos
El amor lo da todo, el odio lo quita.
La distancia provoca soledad y la agonía.
De no verte, la tristeza más amarga.

Promesas

Me llamaste pero me olvidaste,
Me querías pero me dejaste,
Me prometiste el cielo y la tierra
Pero ni en la tierra, dejaste mis pies
Volando en busca de tus promesas.

Dolió pero la vida sigue

En los andares de la vida,
Mi brújula, me orienta a la lejanía de tu corazón,
Los kilómetros de espera, se hacen eternos.
Tu huella, se desliza por la arena
Desapareciendo por un momento.
Mis oídos, no alcanzan a escuchar tus gritos,
De un adiós sin vuelta.
Un año ya.
Me dolió, pero ya lo sané.

Marcharse con recuerdos

Un beso y un abrazo,
Un te quiero sin fin.
Una mirada cruzada,
Un adiós sin dolor,
Marcharse será fácil, pero borrar
Los recuerdos, será difícil.

Reflejo

El color de tus ojos,
Se refleja en el arcoíris de tu corazón.
Tu mirada, una fortuna
En la que encontré
La riqueza más pura.

Cierro, avanzo y recuerdo

En el momento que cierro,
La puerta, dejó atrás la melancolía
De tu adiós.
Recorriendo las calles en busca
De tu aroma, me pierdo en callejones sin salida.
Corro a través del eco de tu voz, perdiéndome
En la oscuridad de la noche.
Recuerdo tus palabras
Tus melodías y tus canciones.
Escribo letras de música, para ver en ellas,
El recuerdo de tu voz.
Y poder repetir una última vez tu canción favorita.

También cuenta cerrar

Hoy le cerré la puerta
Al recuerdo de tu rostro.
Tu rostro, afligido por los años de espera
En una habitación prohibida
Al corazón de tu amor.

Tu verdadero amor

Un lápiz escribe el reflejo de tu pensar.
Un cuaderno, guarda lo que tu corazón dice y cree sentir.
Un beso grabado en tus labios y un consejo, guardan tus oídos.
Un adiós, no fue pronunciado mientras yo lo esperaba.
Mi mundo caía a pedazos y tu sonrisa fiel a mis ojos.
Demostraban que a pesar de todo seguías amándome.

<u>Solo tú sabes tu vuelo</u>

Serás la paloma mensajera de tu corazón
Aprenderás a abrir tus alas
Y a tomar el rumbo correspondido.
Dirás adiós a tus grandes amores.
Cerraras la puerta y abrirás miles de puertas
En cada estación en la que desembarques.
Una lágrima recorrerá tu mejilla
Y se secará en vista del olvido.

<u>El lápiz y el papel amantes a ser escritos</u>

Entre versos voy escribiendo
Los sentimientos que salen del corazón.
Son tantos y variados, que las hojas del calendario vuelan,
Buscando las respuestas de tu boca.
Duele no escucharlas y el llanto se apodera de mis mejillas.
La duda en mi mente vive y la luz de la esperanza
Trata de no vivir en tempestad.
Los sentimientos florecen en cada estación,
Una huella dejan grabadas con letra de oro en nuestro caminar.
Extrañar quizás no será lo más doloroso,
Pero no tenerte cerca ni abrazarte duele
Y destroza ver que tus brazos están abiertos para otra piel.

<u>Siempre hay lazos que unen</u>

La sangre tira
Por más desprecios y miradas de odio.
Por más de mil problemas que nos alejen,
Nuestras ramas se unen en un origen,
En un legado, que nos unirá por toda la vida
Quizás nuestros puntos de vistas, sean distintos,
Nuestros sueños tomen otros caminos
Y la vejez presente en cada día nos ira consumiendo nuestras energías
Y nuestras miradas dueñas de palabras cantaran ritmos diferentes,
Tocando corazones y dejando en ellos recuerdos.
La sangre tira....
Por más que los años pasen,
Nuestras huellas sean otras, la misma sangre corre por nuestras venas.
Los antepasados, nos dejaron enseñanzas
Y sueñan vernos por siempre unidos.
La sangre tira....
Por más que las palabras hieren y en momentos de ira son un puñal.
Las raíces, son las mismas
Por más discusiones y peleas, algo nos une
Y el corazón lo sabe.
Tantos años perdidos que no serán devueltos,
Solo queda el cambio a lo positivo.
Y disfrutar, recordando los buenos momentos.
El pasado dolió y quizás siga
Doliendo pero cada prueba tiene un propósito
Solo los años nos darán experiencias
Y la distancia sufrimiento
Vernos y ser como dos desconocidos duele.
Duele tener lazos y no compartir las mismas sonrisas.
La sangre tira....

Aprenderé viajando

Partiré para olvidar, las dificultades superar.
Me iré, para aprender a ser yo.
Dejar atrás años de esfuerzo
Y cumplir sueños y anhelos.
Viajare en busca del tesoro
De la tranquilidad y felicidad.
Me embarcare en el crucero
De la alegría y recorreré
Caminos no descubiertos.

El corazón

Los latidos de mi corazón van al rin del tiempo.
Sin detención y sin desviación.
Una que otra curva existe pero el es capaz de todo.
El va marcando la ruta a seguir.
Sus caminos manchados de un tinte rojo.
Son el mejor mapa. Su geografía a veces viscosa,
Hacen detener al viajero por miedo a la tormenta.
Pero es capaz de seguir sin detención.

<u>Abre tus alas y ve a volar</u>

Se libre como los pajarillos
Abre y prepara tus alas para emprender tu vuelo
Al principio costara,
Dejar tu nido, el calor de hogar,
la tranquilidad y comodidad
Se libre y vuela sin miedo.
Aprenderás a ser liebre
A correr por tus sueños,
Alcanzar tus metas y
esquivar obstáculos.
Correrás por tu libertad
Y por tu bienestar
Vivirás asustado,
Con miedo quizás
Pero te darás cuenta que vivir
Es libertad.

<u>El tiempo caduco</u>

El nombre de tu amor,
Reservará el lugar más profundo,
Las huellas del olvido,
Se harán presentes,
En cada nuevo amanecer
En cada gota de lluvia,
Tu rostro, será reflejo de un amor,
Que su tiempo ha terminado.

Caminando analizamos lo que vemos

Recorro calles.
Días y noches enteras,
Intentado recoger de ellas los valores perdidos.
Bajo la luna intento buscar el reflejo de los olvidados.
En los días de sol, busco las sonrisas más bellas
Para iluminar a los rostros más desaparecidos.
Cada camino, una huella, unas de dolor y otras de color.
En el camino, recorrido, veo luz
Y también oscuridad.
Vi pasar. A los alegres, a los tristes y a los preocupados.
Vi en ellos, rostros distintos.
Rostros marcados por el paso de los años
Y las marcas de cada camino recorrido.
Marcas de dolor, angustia y soledad.
Recuerdos del ayer, angustias del mañana.
La vida pasa. Los momentos se van. Las risas se apagan
Y los corazones dejan de latir.
Las sonrisas de los niños.
La mirada del anciano. La voz del adulto.
Marcas que significan pasos y etapas que concluyen con un adiós.
Recorro calles...
En vista de la soledad.
Veo reflejos sin rostros, huellas sin pasos
Y miradas perdidas en el ayer.

Pasarán y quedarán

Los años pasarán,
Las palabras se las llevará el viento.
Quizás hasta los recuerdos,
Se olviden.
Pero nuestro corazón
Será nuestro mejor baúl.
En el quedarán las cicatrices
Y los golpes de la vida.

Imborrables y entrañables

Hay miradas y sonidos que nunca se olvidan.
Caricias y besos que siempre se extrañan.
Los Silencios abundan
Las voces se apagan
Tu esencia, de apoco desaparece.

Pasos iluminados

Mientras la luna se baña en una noche estrellada
El sol brilla en un cielo resplandeciente.
Mientras la luna, te alumbra los pasos a la orilla del mar.
El sol, ilumina tus pasos al andar.

<u>En cada lugar veo recuerdos</u>

En las calles, veo la tristeza de la multitud,
El cansancio de los adultos,
Los gritos de los niños,
El caminar lento de los ancianos.
En las autopistas veo
La rapidez de la vida,
En los campos el trabajo arduo,
Y en las siembras el alimento
Que da vida.
En las cartas de amor,
Ves las promesas inalcanzables,
En los sueños, ves más allá de la realidad.
En los bares, ves el olvido, ahogando
Las penas de un pasado cruel
Y sin rumbo.
En los hospitales, ves el tiempo,
Demacrado, el tiempo adolorido.
Por las heridas producidas en el ayer.
En los cementerios, el arrepentimiento.
Y las lágrimas de un adiós sin regreso.
En cada lugar, por donde pases, marcando, trazando líneas.
Hay miradas olvidadas, miradas que te piden ayuda.
Miradas dulces y miradas de dolor.

La sombra de una silueta

Entre lágrimas me dijiste adiós,
Entre palabras, un te amo
Y entre tus manos una fotografía de nuestra boda.
Un beso a lo lejos,
Una mano extendida y tu silueta
A la luz de la luna, iba desapareciendo.
Tu voz poco nítida
Tus brazos pocos cariñosos
Tu olvido, el mejor recuerdo.

Un recuerdo de habitación

En el silencio de tu habitación, no existen fechas ni nombres.
Solo queda el recuerdo de una fotografía,
Que te envié aquella noche.
Entre sueños te ibas acordando.
De tu última conversación, la cual escribiste en aquella carta.
Entre tus cosas, quedaron mis mensajes favoritos.
Aquel perfume que nunca usaste y el pañuelo
De seda que te había regalado para tu cumpleaños.
En el baúl, quedaron las fotografías impresas
Que alguna vez nos sacamos.
Aquel lápiz que escribía tanta poesía,
Quedo en el olvido.
Las hojas del cuaderno, lloran la ausencia de historias.
De tus ojos jamás una lágrima
Fue derramada.
De tu boca, jamás un te extraño.
De tus manos, jamás una caricia.
Jamás intentaste volver.

El día que decidas marcharte

Llegará el día que tus labios no pronunciaran
Palabra alguna. Tú mirada se perderá en la oscuridad
De una luz encendida.
Tus pies se cansarán de recorrer caminos, ya caminados.
Tus brazos estarán tan debilitados que ya no
Quedran abrazar, pero si esperan los tuyos.
Tus ganas de luchar, se irán desvaneciendo.
Tu cuerpo cansado, solo quedra descanso.
Ese descanso que duele, para el que queda aquí.
Pero que tú esperaste por tantos meses.
Tu alma, pura se ira a un lugar lleno de luz.
Radiante.
Tus ojos brillarán buscando el sol.
Entre las nubes en un día nublado.
Para alguien que aun sufre tu partida.

Tú y solo tú

Muchas veces solo serás,
Vitrina en un mundo,
Empañado de ilusiones.

Todo está escrito

Sueños de infancia
Logros del mañana
Esperanzas del porvenir.
Añoranzas de unos,
Miedos de otros.

Te regalo

Por cada espina te regalo un pétalo
Por cada ilusión, un grato recuerdo
Y por cada flor un detalle de amor.

Sentimientos profundos

Existe admiración y cariño
Cuando desde la infancia
Tus ojos ven y tu corazón siente
Las alegrías vienen de lo sencillo
Y los valores son inculcados desde el hogar.

Por siempre

Los amores llegarán
Los falsos amigos serán descubiertos
La vida continuará a pesar de la distancia.
Hoy quizás te vas, mañana.
Tomando vuelo te veré
Por otros aires, por otros océanos.
Pero con tu sonrisa,
Quiero verte por siempre.

De enseñanzas a la verdad

De las caídas me enseñaste
A levantarme.
De las tormentas me enseñaste
A encontrar tranquilidad
De los amores, confianza
Y de los amigos
La verdad.

El reflejo

Entre lagos y ríos
Veo el reflejo de los sinceros.
Entre bosques y montañas
Las huellas del esfuerzo y dedicación
Entre desiertos veo el olvido
Y el triste pasar de almas
Sin rumbo y huellas borradas
Por el viento al pasar.
Entre praderas veo el trabajo arduo
De horas interminables bajo
El alero de campesinos, hombres de trabajo
Y sueños reflejados en la luz
Del horizonte.

<u>Simplemente naturalidad:</u>

Los campos, atesoran naturalidad y bellos
Paisajes adornan sus praderas.
El sonido del río
Junto a tus oídos se posa.
Como melodía perfecta para,
Los días en que la rutina de
La gran ciudad, nos consume.
Sencillez, aire puro y pasión.
Son la mezcla que unen a un corazón.
Noble, los detalles pequeños engrandecen,
El alma más sensible.
El trabajo más puro y el cuidado más sano.
Son el escudo de un oficio.
En el que no existe, ni feriados ni domingos.
En donde las horas se viven,
Lejos de una oficina y el calor de hogar,
Es la añoranza del futuro.

<u>Adiós</u>

Tu olvido, mi peor pesadilla.
Soltaste mi mano, para emprender
Otro rumbo, un destino nuevo.
Marcado de recuerdos y sueños.
Me miraste con ojos, melancólicos.
Tu última mirada, fija a mis ojos.
Fue el día que,
Me dijiste te amo.

Simplemente sucedió

Una gota que rebalsó el vaso.
Una palabra dicha sin necesidad,
De ser pronunciada.
Un consejo, mal intencionado.
Una lágrima por ti
Hieren mi corazón.

Un simple poema

Eres el escape favorito.
Eres la solución a mi lenguaje.
Eres la expresión de naturalidad.
Eres complemento y mi mayor terapia.
Te adoro tanto. Porque me ayudas a sentir
Que conocer otros lugares es maravilloso.
Navegar por otras épocas y retratar en cada poema,
Un verso irrepetible.

Amores

En cada puerto, dejé un amor.
Amores prohibidos, amores arrebatados,
Amores olvidados y amores escritos
En cartas, guardadas en el baúl de mi habitación.
Recuerdo los faros
Iluminando cada historia.
Escribiendo con las gotas de mar, cada momento
De alegría.
Recuerdo el horizonte
Pegado a nuestras espaldas
Como escudo de un amor imposible.

Era mi sueño

Yo soñaba con conocerte, quererte era mi meta.
Caminé buscando aprendizaje y tropecé ante los variados intentos
De conseguir el premio, de verte sonreír.
Sin ser una experta en la zona del corazón, fui descubriendo
Una diversidad en el recóndito lugar del amor.
Entre los días nacían versos y las cartas enviadas sin clara respuesta.
No comprendía, al esperar otra señal.
La distancia de aquella mirada, buscando otros horizontes.
Serena el camino, no ha terminado, los intentos no han finalizado, solo
La vida sabe quién será el afortunado de tus besos, pequeña.

La magia del lápiz

Yo tomé un lápiz
Y empecé a hacer rima.
Escribía horas frente a un papel sin saber nada de lo que sería tu amor.
El olvido fue la señal eterna de soledad.
La risa que un día tuvo eco de voz, ya tiene silencio propio
Sentado en el rincón de aquella pieza que en compañía jamás estuvo.
La dicha de compartir nuevamente el espíritu amado y soñado que un día se
pensó.

Sentimientos que nacen

Pienso en los besos que la luna guardó y en el tiempo que supo atesorar
mientras duró la vida de un ser.
Son las lágrimas que un día brotaron ante el encanto de esas viejas cartas
encontradas en el baúl aquel, bajo el ropero de chanel, las mariposas de la
cortina al viento y el canto del gorrión, mi ave favorita que canta la dulzura
del despertar.
Era la mentira del rincón soñado, tu risa y tu verdadera sombra la rima del
cuento que tanto despertaba tu voz interior. Una fragancia a lo lejos acompaña
la cita, y tu vestido destiño la silueta de tus labios.
Un rojo carmín sabe tanto de ti como yo pienso en ti cada noche de luz.

Amado caminito

Algún camino, ha hecho sendero...
Mientras un corazón deja huellas
Todo el trayecto sabe deletrear las mismas letras.
Las señales son claras el olvido está en el próximo kilómetro, cercano a la
distancia tanto duele el que te marchas de aquel lugar.
Aquella mirada, se nubla entre los baches y la velocidad no se detiene cuando
se habla de conducir los sentimientos al alma
Pasajero de un único tramo, así fue la víspera de aquel día entre tus labios una
valiosa palabra, que sin rastro supiste huir a la belleza existente de la
próxima vista que ha de llegar a tus manos, luna llena de sueños iluminando
tus faroles de este nuevo respiro.

Solo es tiempo

Así como el tiempo pasa, nos vamos conociendo más,
Las verdades se aclaran, las mentiras se esfuman
Y la luz incandescente de tus luceros
Hacen brillar los rincones más oscuros del existir.

<u>La agonía de la distancia</u>

El poeta de tus versos fue la inspiración de mis palabras....
La dirección encontrada en la carta fue   la víspera de tu corazón, apagado está
por la brisa de otro océano, revoloteando otra mirada nunca cayó entre tus
redes, y ahora sufres la agonía del tiempo. El barco se marchó, en el puerto no
hay rastro alguno de aquel marinero dueño de tantos suspiros, supo nadar al
ritmo de la corriente se fue alejando sin dejarte la señal que vivía en su
corazón.
Te envío aquella botella desde la distancia ya olvidada nunca llego a tus
manos pero quiso decirte que jamás te olvido. Amor de mar que nunca tiene
final, porque si no es aquí será allá, la vista frente, horizonte sin límites, ahí
vive el farol, gira a la dirección del viento jamás olvidando el inicio de aquella
historia que marcó el destino de aquella mujer.

<u>Solo un trozo</u>

Un trozo de mi alma
Tiene tu inicial y tu recuerdo.
Se siente el frío de tu distancia
Con tus palabras y el tiempo, un crudo invierno en pleno verano, es sentir tu
ausencia cariño mío.
Extrañar tu presencia, me destroza el alma.
Una lágrima guarda el corazón, con la ilusión de verte otra vez.

<u>La mirada del término</u>

En aquella mirada, dos recuerdos llegaron al unísono del verso, eras la rima
del quinto poema, que tantas veces arrugué para tirarlo escalera abajo, borrar
el destinatario y despedirme sin tantas lágrimas.
Recuerdo las horas, aquella carta silueta de verano, próximo otoño lejos de tus
caricias, cuanto lamento que todo haya terminado.

<u>Aprendí</u>

Aprendí a amar con la diferencia de nunca olvidar...
Apagar luces con la finalidad de brillar con mi propia luz y supe crecer con el
paso del tiempo. Quise ser grande, hoy quisiera ser pequeña,
Ruleta que no gira, metamorfosis invertida no resultará.... crecer y afrontar, lo
que un día soñaba ser...

A la vida

Nacemos con la señal del destino.
Con la encrucijada de tu mirada y tu sonido del mar.
Loco aventurero. Marinero de mi corazón. Tu libertad cruza los territorios
del alma y navega cada rincón de los luceros de mi ser.

Dulzura de vida

Cantemos juntos la melodía del corazón
Abrazados a la luna refugio de verano.
Playa y fogata. Una guitarra y tus besos predilectos.
El regalo ideal para respirar fragancia de luz.

Realidad

Hay camas desocupadas,
Corazones vacíos, vagas ilusiones
En el alma.
Hay dilemas en los momentos de libertad.
Y desamores en cada respirar.

Dime

Dime corazón lo que sientes al mirar hacia atrás.
Cuantos silencios han sido víctima de mis palabras.
Dime si caer es real ante los encantos de tus labios.
Dame una señal, respóndeme ahora
que mañana ya será tarde.

Desamores

Alma rota, por tus falsas palabras de cartón...
Por tus insignificantes miradas sin rumbo correspondido.
Me dijiste lo que no debías decir y me abrazaste con los brazos de otro ser.
Me escribiste cada palabra de tu alma con la letra pequeña de los errores.
Supiste captar la mejor versión de mí y apagarme con tus tonterías,
ilusionando el tiempo compartido en trozos de un error.
Pensé distinto ante tu esencia, creyendo la diferencia entre un millón, claro
error del pensamiento noble.

Sabia Naturaleza

El río suena
En la orilla se ve a la soledad
Hablándose a sí misma
Se escucha cuanto duele el olvido
Y el adiós lejano de la vida
Las lágrimas se bañan y se van como arroyo en corriente al océano de tus
memorias.
Ella canta al escuchar la brisa y entre rocas
Se va con la luz del sol frente a su mirada perdida del tiempo que corre sin
siquiera detenerse a contemplar la magia del vivir.

Como duele

Yo te dije adiós con el alma rota
Con el sangrado del corazón, de la espina de aquella rosa que un día llego a
mi balcón.
Desperté creyendo de ingenua el sueño aquel, que ya nada tenía de sueño... era
la vista de la realidad ante mis ojos que tanto respiraban al oír tu voz, lejana en
una mirada que ya no tiene el mismo aroma ni la señal de haberte visto en
algún jardín cercano...
Con la mirada ahí puesta, pude contemplar que tu adiós era la melodía que
debía sonar en aquella historia, sin carta en el olvido.

El tiempo pasa

Lo triste del tiempo
Es muchas veces el cambio existente
La brisa tiene otro nombre, la risa otro dueño y las melodías otros tonos.
Es la fragancia la que posee melancolía al recordarte, la similitud del pasado
ya no tiene el mismo brillo, tu camino y el mío en distancia quedo, con los
segundos va cambiando.......
Todo....
Mí universo cambio, al verte lejos de mi presencia, recuerdo mi niñez, la
admiración que causaba tu ser y el rotundo existir de un día.

Pregunta y respuesta

Dile al tiempo, cuando te he pensado...
Pregúntale a mi sonrisa cuantas se han borrado, desde que tu nombre se ha
ido....
Respóndele a la duda, la interrogante de tu adiós....
Mira tu corazón y sientes aun lo mismo de aquel tiempo...
Respira hondo y no mires el paso del tiempo
Que la huella aún duele, en el escondido rincón de tu pensamiento.

A ti

Las noches son la conexión del ayer con los pensamientos que navegan entre
la duda y el amor.
Son la rima del alba, la pregunta del medio día y el sueño hecho realidad.
Te recibo con los brazos abiertos, la mente firme y el alma dispuesta a
aprender.
Tu risa, tu canto, tu esencia brillando en cada estrella, recordándote en cada
rincón.
El tiempo ha sido veloz, inalcanzable las horas para volver a verte.
Abrigándote en mis sueños de luna
Ya no se que pensar, para calmar la soledad.

La carta

La existencia de una carta, removió todo tipo de sentimientos
que florecen en primavera, con el sol entrante del alba, los pajaritos cantando,
llega la melodía del corazón, aquella que hace bailar bajo la lluvia de invierno,
callados bajo la fogata de antaño
Solo puedo volver a recordar, el tiempo de tu mirada y la dulce letra con la
posdata de tu sonrisa.

<u>Corazón</u>

En el silencio de la noche me detengo a contemplar,
La magia del corazón, serena melodía de la vida, su palpitar, su ritmo, su
esencia de siempre seguir.
La terapia del alma, el descanso de la rutina, segundos ajetreados por la brisa
marina del verano, que pronto ya se verá partir.
A recorrer lo bonito del invierno que vendrá con ilusión de pronto renacer.

<u>Completando lo faltante</u>

Completo los versos que quedaron inconclusos ante tu despedida,
Escribo las palabras faltantes a tu ausencia,
Deletreo tu nombre y tu olvido, con las horas al pasar,
Se borran tus huellas del corazón,
Un reloj víctima de tu ilusión, se apagó en vista de nunca volver.

<u>Extraño</u>

Extraño es vivir sin lo desconocido del otro,
Te recuerdo en lo imborrable del tiempo
En la brisa del viento y en la caricia
Que tanto abrazan las noches de luna.

Tiempo

Estimado tiempo;
Saludarte es el comienzo, el inicio
De la libertad, te he soñado, te he pensado
En la lejanía de las horas, vestidas de sentimientos, fuiste regalo y sorpresa.
Amante y consejero de tantas aventuras,
Con nombres propios tan destacados instantes en donde un abrazo fue el sello
de una puerta cerrar, fuiste campanilla que supo de melodías tocar el alma y la
duda tantas veces repetir tu canto y tropezar
Con la misma nota, unas veces al unísono.
Te he cerrado en las narices el error de pensar la distancia que haces tú.
Silueta de verano, abrigo de invierno, cuatro estaciones, un sinfín de personas
y unas caricias que tantos recuerdos hacen memoria en el corazón de la vida.

Marcas que quedan

Hay quienes marcan a fuego.
Recuerdo tu nombre en varios sueños
Y bailan en cada pensamiento, los sentimientos del alma.
El tiempo aquel, fue la mudanza del corazón.
El canto de la vida y la lección del amor.

<u>Vi reflejada</u>

Entre cartas vi amanecer un amor,
eran versos escritos con el alma.
En un tiempo alejado a la realidad, vi reflejada la sonrisa
entre tus labios y la fragancia de vida
entre tus lágrimas de verano.

<u>Utopía</u>

En la utopía de los sueños, nacen los versos de verano,
la dulce melodía entre las flores del jardín
Tus manos en la cintura y las palabras que un día se cultivaban en tu regazo,
supieron volar como mariposas, buscando la luz del sol,
la protección del viento, la añoranza del ayer,
para recordar siempre las alas,
para volar contra marejadas que dejan los amores de un año.

Desamores de un momento

Tu silencio guarda los besos de invierno
y una palabra para cada amanecer.
Ella sabe callar en el preciso momento en que la mirada de él,
se ve nublada entre iniciales, una carta lo revela y su sonrisa entrecortada,
la vergüenza de su rutina, descubierta por el olvido de su verdadero amor.
Insensato que actúa lejos de casa, desde su hogar vive el engaño, el recuerdo
crudo de una estación marcada por el desamor.

Sin escrúpulos

Lo que un día nació, entre las sombras
Cultiva la duda y cosecha desazón.
Las alas, que nacen sin escrúpulos,
Marcan caminos de grises tonalidades.
Es la razón o el viento, el que hacen mensajeros de su propia trampa.
Su voz calla en lo silencioso del bosque torrentoso de aquel lugar.
Sin abrigo protector, se cubre el manto,
Con la sola mirada de aquella luna, que sin razón, se resiste a las olas del mar.
Corazón amargo, disgusto de sábado, melancolía de domingo.
Creías las mil conjeturas y las nulas respuestas omitías con la vista pérdida en
el rincón solitario de aquella montaña, de luz serena, temblorosa que respiraba
un aire, sin paz.

Besos mágicos

Los besos que te di
Fueron la vuelta al mundo
Sin frenesí.
La caricia soñada desde la niñez
Y la mejor versión de mi fue nunca soltar tus manos de mis caderas.
Fue volar cielos y navegar océanos buscando siempre lo infinito de nuestro
ser.
Amándote en cada sitio... un pétalo quedo en tu bolsillo con la inicial de mi
corazón
Rozando la figura del adiós... cuanto duele el partir....

Solo uno

De la noche al alba
hay un solo trecho
Un sin fin de volátiles miradas y sueños incluidos
Van bordando lo mágico del sentirse libre
Libertad soñada fue el resultado de tus besos.. De tus caricias sin mirar el
pasado... de tus atributos bien cargados que lleva tu corazón... hoy grito de
amor.. Sin parar... sin frenar tu risa y tu refrescante sabiduría que recubre los
rincones del sendero
Vida mía... tan solo una existe y tu marcando a fuego incandescente de amor.

Libertad con respeto

Quiero la libertad del mundo, la justicia para expresar los cambios
existenciales, la paz en las opiniones,
La empatía del pueblo
Quiero gritar sin miedos los cambios que requiere la sociedad callada por el
miedo existente. Por la bulla de las calles, que sin solución sordos los altos
cargos de un mundo sin moral y sin sentimiento común.
Dueños del poder abusivo y esclavos de las amenazas vivientes del tiempo.

Todo tiene su fin

Entre rosas y piropos,
Iban y venían la dulzura de tus brazos.
Tu fragancia de amor pura y tu esencia de amarme la cura a todos mis males.
La vida me salvo cuando tus manos cobijaban mi alma y la sanaban del ayer.
Amándote cada día un poquito más... como duele cuando dices adiós.

<u>Soy</u>

Soy el error de la codicia
El respeto de la intolerancia
La cima de la libertad
Soy aire y vida en un solo segundo.

<u>Unir al mundo</u>

Me gustaría danzar en mis versos sin la necesidad de volver al inicio.... de
crecer sin la tormenta de aquel momento....
Gritar sin miedo y con la fuerza de la vida cantar sin temor por cada rincón
que recorra mi corazón... viajar kilómetros... cruzar fronteras... unir razas y
dejar volar los prejuicios marcados de la historia universal...

<u>Empatía al mundo</u>

No es el color de la piel
No es el canto en el idioma
Es el alma y la empatía
La que nace del corazón
Es el sello único
Es la validación del espíritu
Es nuestra esencia y nuestro credo del respeto la cura a las pandemias....
Del racismo...
Digo adiós a las ofensas menospreciables del hombre... que nace en boca del
opinólogo sin carácter ni dueño de aquello...
Dolor existe en las almas
De quienes sufren en silencio
Lo omitido por el mundo que no quiere ver la realidad....

<u>Agradecimientos</u>

Primero a Dios, que me regaló el don de escribir y es mi maestro a diario.
A mis padres quienes su amor, se refleja en cada momento de mi vida. Son
ellos que me instan a abrir mis alas cada día, mostrándome que volar es la
expresión más libre y sin límites que una persona puede aspirar.
A la vida, por todos los momentos que me regala.
A cada persona que ha caminado por mi vida, enseñándome que ser fuerte es
parte de ella.
A todos quienes sus vidas, mis ojos han sido testigos de verlas y me han
inspirado muchas veces en mis poemas y emociones.
A los que se han ido, espero que mis palabras lleguen muy alto.
A los que vendrán, un recuerdo para atesorar en sus corazones.
A la editorial, por todo el apoyo brindado y hacer mi sueño realidad.

Printed by Books on Demand GmbH, Norderstedt / Germany